글 | 황인순

중앙대학교에서 국어국문학을 공부하고, 어린이들이 교과서에서 배우는
사회, 과학, 역사를 재미있는 이야기로 엮어 내는 일을 하고 있습니다.
쓴 책으로는 〈돌이 돌돌돌〉, 〈올해의 산타는 누구?〉, 〈진흥왕, 한강을 손에 넣다〉 등이 있습니다.
어린이들이 게임기와 핸드폰을 손에서 내려놓고 다양한 운동 체험을 했으면 하는 마음으로
이 책을 썼습니다.

그림 | 박재현

시각디자인을 공부하고 그래픽디자이너로 활동했으며,
지금은 다양한 기법으로 어린이 책에 그림을 그리고 있습니다.
그린 책으로는 〈꼬물꼬물 세균 대왕 미생물이 지구를 지켜요〉, 〈왜 0등은 없을까?〉,
〈투발루에게 수영을 가르칠 걸 그랬어!〉, 〈들썩들썩 채소 학교〉 등이 있습니다.

**누리 세계문화 44 스포츠  뚱아 덕아 운동 좀 하자**

글 황인순 | 그림 박재현 | 펴낸이 김의진 | 기획편집총괄 박서영 | 편집 정재은 이영민 김한상 | 글 다듬기 박미향 | 디자인 수박나무
제작·영업 도서출판 누리 | 펴낸곳 Yisubook | 주소 경기도 고양시 일산동구 일산로67, 3층 | 고객상담실 080-890-7000
잘못된 책은 바꾸어 드립니다. 이 책에 실린 글이나 그림을 무단으로 복사, 복제, 배포하는 것을 금합니다.
⚠ 1. 사람을 향해 던지거나 떨어뜨리지 마십시오. 2. 고온 다습한 장소나 직사광선이 닿는 장소에는 보관하지 마십시오.

# 뚱아 덕아 운동 좀 하자

글 황인순　그림 박재현

뚱이랑 덕이는 텔레비전을 좋아해.
게임도 좋아해.
뚱이 덕이가 싫어하는 건 스포츠.
밖에 나가서 운동하는 건 더더욱 싫대.
저런, 어떡하지?
둘은 점점 뚱뚱해지고 있어.
뚱이 덕이가 운동을 하도록 도와주자.
둘은 어떤 스포츠를 좋아할까?
함께 배워 볼까?

우리나라의 스포츠는 씨름이 유명하지.
허리와 다리에 두른 샅바를 붙잡고
끙끙 서로 힘을 겨루다가
상대방의 다리를 걸거나 허리를 잡고 들어서
모래판 위에 쾅! 쓰러뜨리면
한 판 승!
씨름을 가장 잘하는 사람을
천하장사라고 부르지.

얍! 얍!
태권도도 빠뜨릴 수 없어.
주먹으로 지르고, 앞으로 차고, 돌려 차고.
상대방이 공격해 올 때는
팔을 세워서 막기도 해.
태권도를 배우면 몸도 마음도 튼튼해져.
우리나라 태권도는 외국에서도
인기가 최고래.

이웃 나라 일본에는 씨름과 비슷한
스모가 있어.
으라차차! 서로 맞잡고 힘을 겨루다가
넘어뜨리거나 경기장 밖으로 밀어내면
이기는 스포츠야.
옛날 일본 왕들은 힘센 스모 선수들을
불러 서편과 동편으로 나누어
힘을 겨루게 했대.
서편이 이기면 서쪽 지방이 풍년이고
동편이 이기면 동쪽 지방이 풍년일 거라고
믿었다지.
우와! 스모 선수들은 몸집도 아주 크단다.

공을 가지고 겨루는 스포츠도 많아.
공을 던지기도 하고 발로 차기도 하는
미식축구는 미국에서 시작되었어.
미식축구를 할 때는 헬멧을 쓰고
보호대를 둘러야 해.
상대방 선수와 부딪치는 일이 많거든.
미식축구 공은 모양도 신기하지?
한 손으로 던질 수 있도록
양 끝이 뾰족하게 생겼단다.
꼭 참외 같지 않니?

영국의 크리켓은 야구처럼 방망이로
공을 치는 스포츠야.
하지만 야구랑 전혀 달라.
야구는 9명의 선수가 뛰지만
크리켓은 11명의 선수가 경기를 해.
야구 방망이는 둥글고 길지만
크리켓 방망이는 납작하게 생겼어.
선수들이 시합을 하다 말고
차를 마시기도 해.
크리켓 경기는 좀처럼 끝나지 않기 때문에
차 마시는 시간도 있고 점심시간도 따로 있어.
크리켓은 '양치기의 지팡이'라는 뜻이래.

콕! 콕! 칼로 찌르는 스포츠도 있어.
펜싱은 가느다란 칼로 상대방을
많이 찌를수록 이기는 경기야.
펜싱에 쓰이는 칼은 끝이 뭉툭해서
아프지는 않아.
펜싱은 에스파냐가 힘센 나라였을 때
주변 나라에 전했어.
옛날 유럽의 귀족들은 진짜 칼을 가지고
툭하면 결투를 했어.
귀족들이 자꾸 결투를 해서 죽는 바람에
나라에서 금지시켰다고 해.

헉헉!! 마라톤은 너무 힘들어.
오래 달려야 하기 때문에 숨이 차고
다리도 아프지.
마라톤은 그리스에 있는 도시 이름이기도 해.
옛날에 그리스가 마라톤에서 페르시아와
전쟁을 해서 크게 이겼어.
그러자 한 병사가 마라톤에서 아테네까지
40킬로미터나 달려가서 이 소식을 전하고
숨을 거두었어.
마라톤은 그 병사의 정신을 기리기 위한
스포츠야.

이건 뭐지? 거위 깃털이 떨어져 있네.
아하! 셔틀콕에서 떨어진 모양이야.
배드민턴을 칠 때 쓰는 공을
셔틀콕이라고 해.
셔틀콕은 거위 깃털로 만들어서
가볍게 툭 쳐도 멀리 날아가.
배드민턴은 인도네시아의 '푸나'라는 놀이를
본뜬 거야.
'푸나'는 코르크에 닭털을 꽂아
손바닥이나 빨랫방망이로 쳐 내는 놀이야.
그걸 보고 영국 사람들이 만들어 낸 게
배드민턴이래.

빙글빙글 데구루루!
기다란 리본을 빙그르르 돌리면서
구르고 뛰어오르는 리듬 체조야.
리본, 줄, 훌라후프, 공, 곤봉과
같은 도구를 사용하지.
올림픽에서는 여자 경기만 있는데
뚱이 너도 해 볼래?
리듬 체조는 러시아에서 시작했고
지금도 러시아가 제일 잘한다는군.

스키를 타고 슝!
눈 위를 미끄러져 내려오는 기분이 어때?
옛날 스웨덴 사람들은 사냥할 때도
전쟁할 때도 스키를 타고 다녔대.
눈이 많이 오는 나라에서는 스키가 있으면
빨리 다닐 수 있었을 거야.
꽁꽁 언 얼음판 위를 씽씽 달리는 스케이팅도
추운 나라에서 시작되었어.

우아! 뚱이와 덕이 모습이 달라졌어.
불룩했던 배가 쏙 들어가고
날씬해진 팔다리에는 근육이 생겼어.
여러 나라 스포츠를 배우는 동안 살이 빠졌나 봐.
이젠 짜증도 부리지 않아.
게임도 텔레비전도 시들해졌대.
나가서 운동하는 게 훨씬 재미있다나.

# 기탄 교과서 한자 쓰기 보따리

**G4집**
193a - 256a

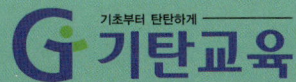

# 기탄 교과서 한자

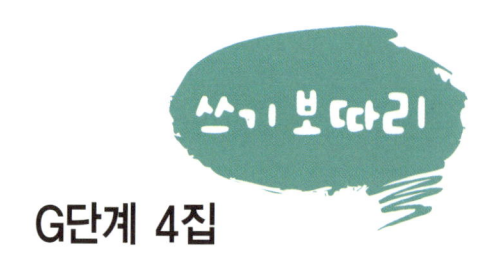

### G단계 4집

## 필순이란?

한자를 가장 쉽고 편하게 쓰는 순서를 말합니다. 필순에 따라 한자를 쓰면 글자의 형태에 따른 짜임새를 파악하기 쉽고 맵시 있는 모양으로 한자를 써 나갈 수 있습니다.

 이와 같이 필순이란 한자의 모양을 정돈하고 바르게 쓰기 위해 오랜 세월동안 연구되어 오고 오늘날까지 전해져 내려온 것이므로 필순에 따라서 한자를 쓰는 것이 바람직합니다. 그러므로 한자마다 일정한 필순을 지니고 있습니다. 그러나 예외가 있는 것도 인정되고 한 글자에 두 가지의 필순이 있는 것도 있습니다. 이는 필순이 서로 다른 것이 존재한다는 것이지 틀린 것이 아닙니다.

 예전처럼 붓으로 한자를 쓰던 시대에는 점과 획의 순서와 방향에 따라 글자의 모양도 영향을 받았으나 현재처럼 필기구가 변화되고 컴퓨터에 의한 입력이 대부분인 시대에 와서는 예외적인 필순의 통용이 더욱 증가되는 추세입니다. 하지만 일반적인 필순은 반드시 지켜야 하는 기본 원칙이 존재합니다. 이 기본 원칙은 꼭 지키며 한자를 쓰는 습관이 중요합니다.

G단계 4집에서 익힌 한자와 한자어를 필순의 기본 원칙을 지키며 써 보세요.

## 漢字 쓰기

🔷 物의 훈음을 큰소리로 읽고 필순에 맞게 한자를 쓰세요.

物
물건 물

丿 ㄴ 亻 牛 牜 牣 物 物

| 物 | 物 | 物 | 物 |
|---|---|---|---|
| 물건 물 | 물건 물 | 물건 물 | 물건 물 |

物
牛 부수 – 총 8획

● 物로 만든 한자어 : 古物(고물)   文物(문물)   人物(인물)   生物(생물)

漢字쓰기

件의 훈음을 큰소리로 읽고 필순에 맞게 한자를 쓰세요.

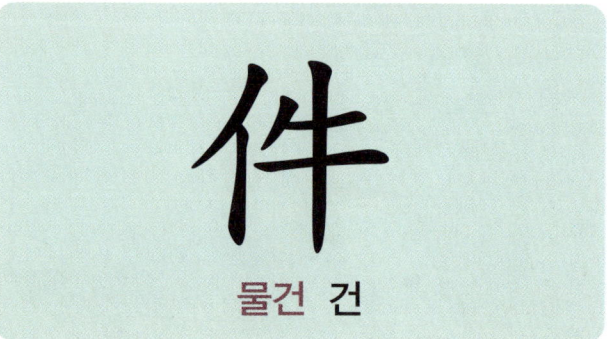

물건 건

ノ 亻 亻 仁 仁 件

| 件 | 件 | 件 | 件 |
|---|---|---|---|
| 물건 건 | 물건 건 | 물건 건 | 물건 건 |
|  |  |  |  |
|  |  |  |  |
|  |  |  |  |

件
亻부수 – 총6획

● 件으로 만든 한자어 : 物件(물건)　事件(사건)　用件(용건)

# 漢字쓰기

發의 훈음을 큰소리로 읽고 필순에 맞게 한자를 쓰세요.

필 발

ㄱ ㄹ 癶 癶 癶 癶 癶 癶 癶 癶 發 發

| 發 | 發 | 發 | 發 |
|---|---|---|---|
| 필 발 | 필 발 | 필 발 | 필 발 |

癶 부수 - 총 12획

● 發로 만든 한자어 : 發生(발생)   出發(출발)   發明(발명)   發見(발견)   發表(발표)

## 漢字쓰기

👉 電의 훈음을 큰소리로 읽고 필순에 맞게 한자를 쓰세요.

電
번개 전

一 广 一 戸 币 币 乕 乕 乕 乕 雷 雷 雷 電

| 電 | 電 | 電 | 電 |
| --- | --- | --- | --- |
| 번개 전 | 번개 전 | 번개 전 | 번개 전 |
|  |  |  |  |
|  |  |  |  |
|  |  |  |  |

雨 부수 - 총 13획

● 電으로 만든 한자어 : 電力(전력)　電子(전자)　電氣(전기)　電車(전차)

## 漢字 쓰기

📝 書의 훈음을 큰소리로 읽고 필순에 맞게 한자를 쓰세요.

書
글 서

ㄱ ㄹ ㅋ 글 聿 書 書 書 書

| 書 | 書 | 書 | 書 |
|---|---|---|---|
| 글 서 | 글 서 | 글 서 | 글 서 |

書
日 부수 - 총 10획

● 書로 만든 한자어 : 文書(문서)  古書(고서)  書名(서명)

## 漢字쓰기

🖊 高의 훈음을 큰소리로 읽고 필순에 맞게 한자를 쓰세요.

높을 고

丶 亠 宀 古 畜 高 高 高 高 高

| 高 | 高 | 高 | 高 |
|---|---|---|---|
| 높을 고 | 높을 고 | 높을 고 | 높을 고 |

高
高 부수 – 총 10획

● 高로 만든 한자어 : 高音(고음)　　高溫(고온)　　高見(고견)　　高貴(고귀)

# 漢字쓰기

低의 훈음을 큰소리로 읽고 필순에 맞게 한자를 쓰세요.

낮을 저

ノ イ 亻 仁 仟 低 低

低 低 低 低

낮을 저　낮을 저　낮을 저　낮을 저

低
亻부수 – 총 7획

● 低로 만든 한자어 : 低溫(저온)　低下(저하)　低利(저리)　低學年(저학년)

## 漢字쓰기

🔖 苦의 훈음을 큰소리로 읽고 필순에 맞게 한자를 쓰세요.

쓸 고

艹 부수 - 총 9획

丨 十 十 艹 艹 芋 芋 苦 苦

| 苦 | 苦 | 苦 | 苦 |
|---|---|---|---|
| 쓸 고 | 쓸 고 | 쓸 고 | 쓸 고 |

● 苦로 만든 한자어 : 苦生(고생)   苦心(고심)   苦行(고행)

# 漢字쓰기

● 樂의 훈음을 큰소리로 읽고 필순에 맞게 한자를 쓰세요.

樂
즐길/풍류/좋아할 락/악/요

`´ ´ ´ ´ 白 白 伯 绰 绰 绰 缏 樂 樂 樂`

| 樂 | 樂 | 樂 | 樂 |
|---|---|---|---|
| 즐길/풍류/좋아할 락/악/요 | 즐길/풍류/좋아할 락/악/요 | 즐길/풍류/좋아할 락/악/요 | 즐길/풍류/좋아할 락/악/요 |
|  |  |  |  |
|  |  |  |  |
|  |  |  |  |

木 부수 – 총 15획

● 樂으로 만든 한자어 : 音樂(음악)   安樂(안락)   樂山(요산)

## 漢字쓰기

朝의 훈음을 큰소리로 읽고 필순에 맞게 한자를 쓰세요.

아침 조

一 十 ナ 古 古 古 直 車 car 朝 朝 朝

| 朝 | 朝 | 朝 | 朝 |
|---|---|---|---|
| 아침 조 | 아침 조 | 아침 조 | 아침 조 |
| | | | |
| | | | |
| | | | |

朝
月 부수 - 총 12획

● 朝로 만든 한자어 : 王朝(왕조)    朝夕(조석)    朝會(조회)

# 漢字 쓰기

📖 眞의 훈음을 큰소리로 읽고 필순에 맞게 한자를 쓰세요.

眞
참 진

︐ ︑ ﹀ ﹀ ﹀ ﹀ ﹀ 直 眞 眞

| 眞 | 眞 | 眞 | 眞 |
|---|---|---|---|
| 참 진 | 참 진 | 참 진 | 참 진 |

眞
目 부수 – 총 10획

● 眞으로 만든 한자어 : 眞情(진정)   眞空(진공)   眞心(진심)

## 漢字쓰기

✏ 理의 훈음을 큰소리로 읽고 필순에 맞게 한자를 쓰세요.

다스릴 리

一 二 亍 王 玗 玾 珇 珇 理 理 理

| 理 | 理 | 理 | 理 |
|---|---|---|---|
| 다스릴 리 | 다스릴 리 | 다스릴 리 | 다스릴 리 |
|  |  |  |  |
|  |  |  |  |
|  |  |  |  |

理

玉 부수 - 총 11획

● 理로 만든 한자어 : 心理(심리)   原理(원리)   眞理(진리)   一理(일리)   道理(도리)

# 漢字쓰기

學의 훈음을 큰소리로 읽고 필순에 맞게 한자를 쓰세요.

배울 학

學
子 부수 – 총 16획

| 學 | 學 | 學 | 學 |
|---|---|---|---|
| 배울 학 | 배울 학 | 배울 학 | 배울 학 |

● 學으로 만든 한자어 : 學年(학년)   學生(학생)   入學(입학)   見學(견학)   學校(학교)

## 漢字쓰기

習의 훈음을 큰소리로 읽고 필순에 맞게 한자를 쓰세요.

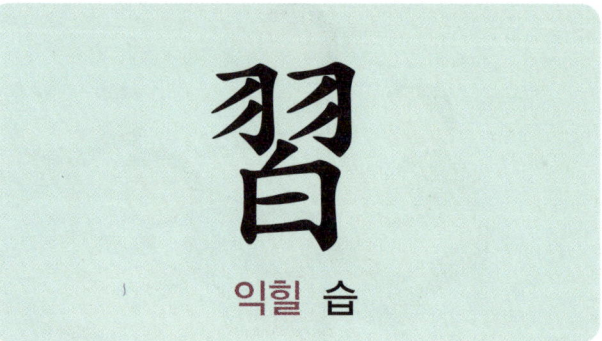

익힐 습

｜ ｜ ｜ ヨ ヨ| ヨ|| ヨ|| 羽 羽 習 習

| 習 | 習 | 習 | 習 |
|---|---|---|---|
| 익힐 습 | 익힐 습 | 익힐 습 | 익힐 습 |
|  |  |  |  |
|  |  |  |  |
|  |  |  |  |

羽 부수 – 총 11획

● 習으로 만든 한자어 : 學習(학습)　風習(풍습)　自習(자습)

# 漢字쓰기

📝 賞의 훈음을 큰소리로 읽고 필순에 맞게 한자를 쓰세요.

賞
상 상

丨 ⺍ ⺍⺍ 严 严 严 쓰 쓰 쓰 쓰 쓰 賞 賞

| 賞 | 賞 | 賞 | 賞 |
|---|---|---|---|
| 상 상 | 상 상 | 상 상 | 상 상 |
|  |  |  |  |
|  |  |  |  |
|  |  |  |  |

賞
貝 부수 – 총 15획

● 賞으로 만든 한자어 : 賞品(상품)   大賞(대상)   賞金(상금)   孝行賞(효행상)

G4집 쓰기 보따리 -15

## 漢字語 쓰기

物, 件이 들어가는 한자어를 알아보고 빈 칸에 알맞게 쓰세요.

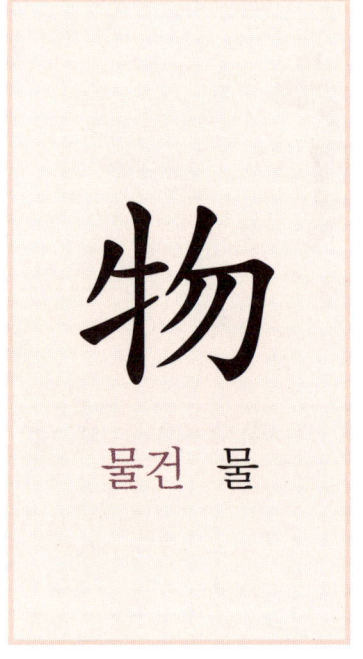

物 물건 물

**古物(고물)** : 옛날 물건. 낡고 헌 물건

| 文 | 物 |
|---|---|
| 글월 문 | 물건 물 |

**文物(문물)** : 법률, 학문, 예술, 종교 따위 문화의 산물

**人物(인물)** : 사람과 물건. 어떤 역할을 하는 사람

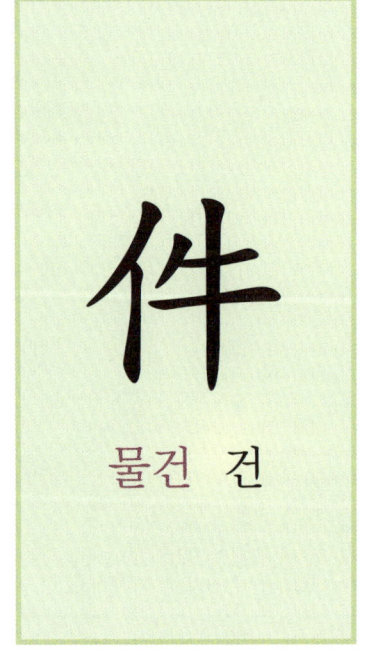

件 물건 건

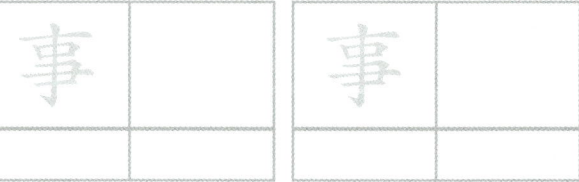

**物件(물건)** : 일정한 형체를 갖추고 있는 모든 물질적 존재

| 事 | 件 |
|---|---|
| 일 사 | 물건 건 |

**事件(사건)** : 문제가 되거나 관심을 끌 만한 일

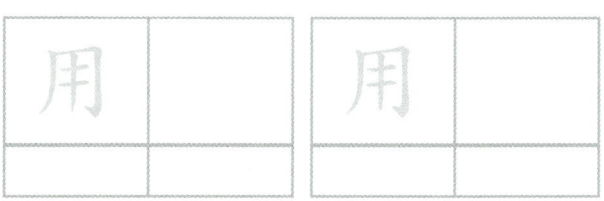

**用件(용건)** : 볼일. 용무

# 漢字語 쓰기

發, 電이 들어가는 한자어를 알아보고 빈 칸에 알맞게 쓰세요.

發 필 발

| 發 | 生 |
|---|---|
| 필 발 | 날 생 |

發生(발생) : 어떤 현상이 일어남

| 出 | 發 |
|---|---|
| 날 출 | 필 발 |

出發(출발) : 길을 떠남

| 發 | 明 |
|---|---|
| 필 발 | 밝을 명 |

發明(발명) : 그때까지 없던 기술이나 물건 따위를 스스로 생각해 내거나 만들어 냄

電 번개 전

| 電 | 力 |
|---|---|
| 번개 전 | 힘 력 |

電力(전력) : 전류가 단위 시간에 하는 일

| 電 | 子 |
|---|---|
| 번개 전 | 아들 자 |

電子(전자) : 원자를 이루는 기본적 소립자의 한 가지

| 電 | 氣 |
|---|---|
| 번개 전 | 기운 기 |

電氣(전기) : 전자의 이동으로 생기는 에너지의 한 형태

## 漢字語 쓰기

📖 書가 들어가는 한자어를 알아보고 빈 칸에 알맞게 쓰세요.

書 글 서

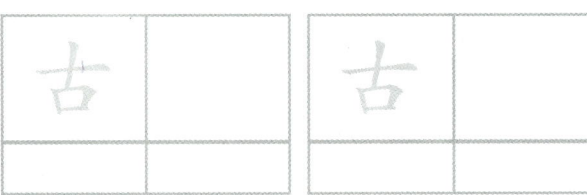

文書(문서) : 실무상 필요한 사항을 문장으로 적어서 나타낸 글

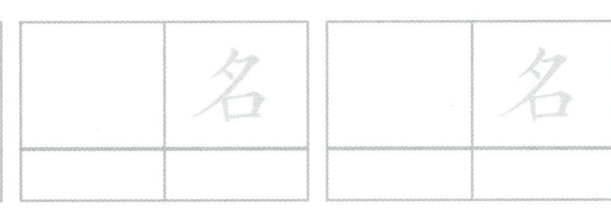

古書(고서) : 옛 책

| 書 | 名 | 名 | | 名 | |
|---|---|---|---|---|---|
| 글 서 | 이름 명 | | | | |

書名(서명) : 책 이름

# 漢字語 쓰기

高, 低가 들어가는 한자어를 알아보고 빈 칸에 알맞게 쓰세요.

| 高 | 音 |
|---|---|
| 높을 고 | 소리 음 |

高音(고음) : 높은 소리

| 高 | 溫 |
|---|---|
| 높을 고 | 따뜻할 온 |

高溫(고온) : 높은 온도

| 高 | 見 |
|---|---|
| 높을 고 | 볼/뵈올 견/현 |

高見(고견) : 훌륭한 의견

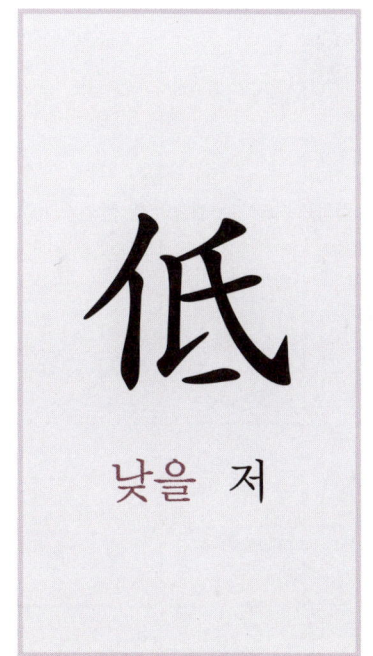

| 低 | 溫 |
|---|---|
| 낮을 저 | 따뜻할 온 |

低溫(저온) : 낮은 온도

| 低 | 下 |
|---|---|
| 낮을 저 | 아래 하 |

低下(저하) : 높이 있던 것이 낮아짐

| 低 | 利 |
|---|---|
| 낮을 저 | 이로울 리 |

低利(저리) : 싼 이자

苦, 樂이 들어가는 한자어를 알아보고 빈 칸에 알맞게 쓰세요.

| 苦 | 生 | | 生 | | 生 |
|---|---|---|---|---|---|
| 쓸 고 | 날 생 | | | | |

苦生(고생) : 괴롭고 어려운 생활

| 苦 | 心 | | 心 | | 心 |
|---|---|---|---|---|---|
| 쓸 고 | 마음 심 | | | | |

苦心(고심) : 마음과 힘을 다하여 애씀

| 苦 | 行 | | 行 | | 行 |
|---|---|---|---|---|---|
| 쓸 고 | 다닐/항렬 행/항 | | | | |

苦行(고행) : 불교에서, 깨달음에 이르기 위하여 육신을 고통스럽게 하면서 그것을 견디어 내는 수행을 함

| 音 | 樂 | | 音 | | 音 |
|---|---|---|---|---|---|
| 소리 음 | 즐길/풍류/좋아할 락/악/요 | | | | |

音樂(음악) : 소리의 높이, 길이, 세기를 조화시켜서 어떤 느낌이나 감정을 나타내는 예술의 한 형태

| 安 | 樂 | | 安 | | 安 |
|---|---|---|---|---|---|
| 편안 안 | 즐길/풍류/좋아할 락/악/요 | | | | |

安樂(안락) : 근심 걱정이 없이 편안하고 즐거움

| 樂 | 山 | | 山 | | 山 |
|---|---|---|---|---|---|
| 즐길/풍류/좋아할 락/악/요 | 산/뫼 산 | | | | |

樂山(요산) : 산을 좋아함

# 漢字語 쓰기

朝가 들어가는 한자어를 알아보고 빈 칸에 알맞게 쓰세요.

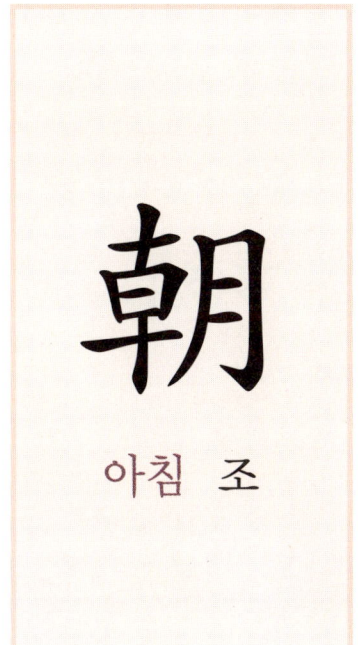

朝 아침 조

| 王 | 朝 |
|---|---|
| 임금 왕 | 아침 조 |

**王朝(왕조)**: 같은 왕가에서 차례로 왕위에 오르는 왕들의 계열. 또는 그 왕가가 다스리는 동안

| 朝 | 夕 |
|---|---|
| 아침 조 | 저녁 석 |

**朝夕(조석)**: 아침과 저녁

| 朝 | 會 |
|---|---|
| 아침 조 | 모일 회 |

**朝會(조회)**: 주로 학교에서 담임 선생님과 학생들이 수업하기 전에 모여서 나누는 아침 인사

# 漢字語 쓰기

📝 眞, 理가 들어가는 한자어를 알아보고 빈 칸에 알맞게 쓰세요.

眞 참 진

| 眞 | 情 |
|---|---|
| 참 진 | 뜻 정 |

**眞情(진정)** : 거짓이 없는 참된 정이나 애틋한 마음

| 眞 | 空 |
|---|---|
| 참 진 | 빌 공 |

**眞空(진공)** : 공기 따위의 물질이 전혀 없는 공간

| 眞 | 心 |
|---|---|
| 참 진 | 마음 심 |

**眞心(진심)** : 참된 마음

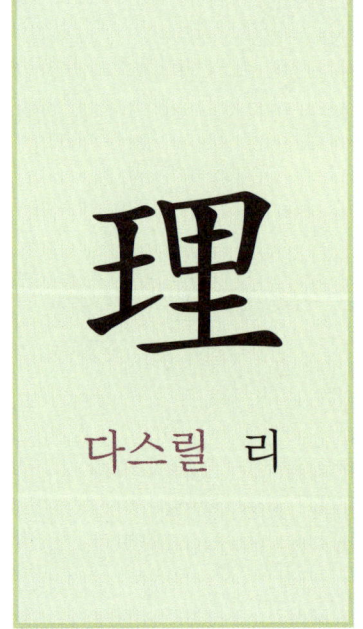

理 다스릴 리

| 心 | 理 |
|---|---|
| 마음 심 | 다스릴 리 |

**心理(심리)** : 마음의 움직임이나 상태

| 原 | 理 |
|---|---|
| 근원 원 | 다스릴 리 |

**原理(원리)** : 사물의 기본이 되는 이치나 법칙

| 眞 | 理 |
|---|---|
| 참 진 | 다스릴 리 |

**眞理(진리)** : 참된 도리. 바른 이치

# 漢字語 쓰기

學, 習이 들어가는 한자어를 알아보고 빈 칸에 알맞게 쓰세요.

| 學 | 年 |
|---|---|
| 배울 학 | 해 년 |

**學年(학년)** : 한 해를 단위로 한 학습 기간의 구분

| 學 | 生 |
|---|---|
| 배울 학 | 날 생 |

**學生(학생)** : 학교에서 공부하는 사람

| 入 | 學 |
|---|---|
| 들 입 | 배울 학 |

**入學(입학)** : 학교에 들어가 학생이 됨

| 學 | 習 |
|---|---|
| 배울 학 | 익힐 습 |

**學習(학습)** : 배워서 익힘

| 風 | 習 |
|---|---|
| 바람 풍 | 익힐 습 |

**風習(풍습)** : 풍속과 습관

| 自 | 習 |
|---|---|
| 스스로 자 | 익힐 습 |

**自習(자습)** : 혼자서 공부하여 익힘

# 漢字語 쓰기

賞이 들어가는 한자어를 알아보고 빈 칸에 알맞게 쓰세요.

賞 상 상

| 賞 | 品 |
|---|---|
| 상 상 | 물건 품 |

賞品(상품) : 상으로 주는 물품

| 大 | 賞 |
|---|---|
| 큰 대 | 상 상 |

大賞(대상) : 경연 대회 등에서, 가장 우수한 사람이나 단체에게 주는 상

| 賞 | 金 |
|---|---|
| 상 상 | 쇠/성 금/김 |

賞金(상금) : 상으로 주는 돈

# 필순의 일반적 원칙

**1.** 위에서 아래로 씁니다.

三 : 一 二 三        言 : `丶 一 亠 三 言 言 言`

**2.** 왼쪽에서 오른쪽으로 씁니다.

川 : ノ 川 川        林 : 一 十 才 木 木 村 材 林

**3.** 가로획과 세로획이 교차될 때는 가로획을 먼저 씁니다.

十 : 一 十        土 : 一 十 土

**4.** 좌우의 모양이 같을 때는 가운데를 먼저 씁니다.

小 : 亅 小 小        水 : 亅 刁 水 水

**5.** 전체를 꿰뚫는 획은 제일 나중에 씁니다.

中 : 丨 口 口 中        母 : 乚 囗 母 母 母

**6.** 바깥쪽과 안쪽이 있을 때는 바깥쪽을 먼저 씁니다.

風 : ノ 几 凡 凡 凨 凨 風 風 風        向 : ノ 亻 冂 向 向 向

**7.** 둘레를 막아 주는 획은 마지막에 씁니다.

目 : 丨 冂 冂 月 目        四 : 丨 冂 冂 四 四

**기탄 한자** 쓰기 보따리

**펴낸이** : 정지향 | **펴낸곳** : (주)기탄교육 | **기획·편집·디자인** : 기탄교육연구소
**주소** : 06698 서울특별시 서초구 효령로 42 기탄출판문화센터 | **등록** : 제22-1740호 | **전화** : (02)586-1007 | **팩스** : (02)586-2337
※서점에 갈 시간이 없거나 구하기 어려운 분은 인터넷 또는 전화로 신청하세요. 즉시 우송해 드립니다.   **www.gitan.co.kr**

ⓒ 2005 (주)기탄교육 All rights reserved. 본 교재의 저작에 관한 모든 권리는 (주)기탄교육에 있습니다.
저작권자의 동의 없이 본 교재를 무단으로 복제하거나 전재하는 것을 금합니다.